AF357378

CHŒURS
DE LA
TRAGEDIE D'ESTHER.

PREMIER CHOEUR
DU PREMIER ACTE.

Une Israëlite seule.

DEPLORABLE *Sion*, qu'as-tu fait de ta gloire ?
Tout l'Univers admiroit ta splendeur.
Tu n'es plus que poussiere, & de cette grandeur
Il ne nous reste plus que la triste memoire.

Sion, jusques au Ciel élevée autrefois,
Jusqu'aux Enfers maintenant abaissée !
Puissai-je demeurer sans voix,
Si dans mes chants ta douleur retracée,
Jusqu'au dernier soupir n'occupe ma pensée.

Tout le Chœur.

O rives du Jourdain ! O champs aimez des Cieux !
Sacrez monts ! Fertiles vallées

A

Par cent miracles signalées !
Du doux séjour de nos ayeux
Serons nous toûjours exilées ?

Une Israëlite seule.

Quand verray-je, ô Sion ! relever tes remparts,
Et de tes Tours les magnifiques faîstes !
Quand verray-je de toutes parts
Tes peuples en chantant accourir à tes festes !

Tout le Chœur.

O rives du Jourdain, &c.

SECOND CHOEUR DU PREMIER ACTE.

Une Israëlite seule.

Pleurons et gemissons, mes fidelles compagnes.
A nos sanglots donnons un libre cours.
Levons les yeux vers les saintes montagnes,
D'où l'innocence attend tout son secours.

O mortelles allarmes !
Tout Israël perit. Pleurez mes tristes yeux.
Il ne fut jamais sous les cieux
Un si juste sujet de larmes.

Tout le Chœur.

O mortelles allarmes !

Une autre Israëlite.

N'estoit-ce pas assez qu'un vainqueur odieux

De l'augufte Sion eût détruit tous les charmes,
Et traîné ſes enfans captifs en mille lieux ?

Tout le Chœur.

O mortelles allarmes !

La méme Iſraëlite.

Foibles agneaux, livrez à des loups furieux,
Nos ſoupirs ſont nos ſeules armes.

Tout le Chœur.

O mortelles allarmes.

Une Iſraëlite ſeule.

Arrachons, déchirons tous ces vains ornemens,
Qui parent nôtre teſte.
Reveſtons nous d'habillemens
Conformes à l'horrible feſte,
Que l'impie Aman nous appreſte.

Tout le Chœur.

Arrachons, déchirons tous ces vains ornemens
Qui parent nôtre teſte.

Une Iſraëlite ſeule.

Quel carnage de toutes parts !
On égorge à-la fois les enfans, les vieillards,
Et la ſœur, & le frere,
Et la fille & la mere,
Le fils dans les bras de ſon pere !
Que de corps entaſſez ! Que de membres épars,

A ij

Privez de sepulture !
Grand Dieu ! Tes Saints sont la pasture
Des tigres, & des leopards.

Une des plus jeunes Israëlites.

Helas ! Si jeune encore,
Par quel crime ay-je pû meriter mon malheur ?
Ma vie a peine à commencé d'éclore.
Je tomberay comme une fleur,
Qui n'a vû qu'une aurore.
Helas ! Si jeune encore,
Par quel crime ay-je pû meriter mon malheur ?

Une autre.

Des offenses d'autruy malheureuses victimes,
Que nous servent, helas ! ces regrets superflus ?
Nos peres ont peché, nos peres ne sont plus,
Et nous portons la peine de leurs crimes.

Tout le Chœur.

Le Dieu que nous servons est le Dieu des combats.
Non, non, il ne souffrira pas
Qu'on égorge ainsi l'Innocence.

Une Israëlite seule.

Hé quoy ? diroit l'Impieté,
Où donc est-il ce Dieu si redouté,
Dont Israël nous vantoit la puissance ?

Une autre.

Ce Dieu jaloux, ce Dieu victorieux,

Fremiſſez peuples de la terre,
Ce Dieu jaloux, ce Dieu victorieux
Eſt le ſeul qui commande aux cieux.
Ni les éclairs, ni le tonnerre
N'obeïſſent point à vos Dieux.

Une autre.

Il renverſe l'audacieux.

Une autre.

Il prend l'humble ſous ſa défenſe.

Tout le Chœur.

Le Dieu que nous ſervons eſt le Dieu des combats,
Non, non, il ne ſouffrira pas
Qu'on égorge ainſi l'Innocence.

Deux Iſraëlites.

O Dieu que la gloire couronne !
Dieu, que la lumiere environne !
Qui voles ſur l'aîle des vents,
Et dont le thrône eſt porté par les Anges !

Deux autres des plus jeunes.

Dieu, qui veux bien que de ſimples enfans
Avec eux chantent tes loüanges !

Tout le Chœur.

Tu vois nos preſſans dangers.
Donne à ton nom la victoire.
Ne ſouffre point que ta gloire
Paſſe à des Dieux étrangers.

Une Israëlite seule.

Arme-toy, viens nous défendre.
Descends, tel qu'autrefois la mer te vit descendre.
Que les méchants apprennent aujourd'huy
A craindre ta colere.
Qu'ils soient comme la poudre & la paille legere
Que le vent chasse devant luy.

Tout le Chœur.

Tu vois nos pressans dangers, &c.

CHOEUR DU SECOND ACTE.

Ce Chœur est en partie chanté, & en partie recité sans chant.
Voicy les paroles qui se chantent.

* * * * * * * * * * * * * * *

Une Israëlite seule.

Vn moment a changé ce courage infléxible,
Le lion rugissant est un agneau paisible.
Dieu, nôtre Dieu sans doute a versé dans son cœur
Cet Esprit de douceur.

Tout le Chœur.

Dieu, nôtre Dieu sans doute a versé dans son cœur
Cet Esprit de douceur.

La même Israëlite.

Tel qu'un ruisseau docile
Obeït à la main qui détourne son cours ;
Et laissant de ses eaux partager le secours,
Va rendre tout un champ fertile.

Dieu! de nos volontez arbitre souverain!
Le cœur des Rois est ainsi dans ta main.

* * * * * * * * * * * * * * * *

Tout le Chœur.

Malheureux! vous quittez le Maître des humains,
Pour adorer l'ouvrage de vos mains.

Une Israëlite seule.

Dieu d'Israël! dissipe enfin cette ombre.
Des larmes de tes Saints quand seras-tu touché?
Quand sera le voile arraché
Qui sur tout l'Univers jette une nuit si sombre?
Dieu d'Israël! dissipe enfin cette ombre.
Jusqu'à quand seras-tu caché!

* * * * * * * * * * * * * * * *

Tout le Chœur.

Dieux impuissans, Dieux sourds, tous ceux qui vous implorent,
Ne seront jamais entendus.
Que les Démons, & ceux qui les adorent
Soient à jamais détruits & confondus.

Une Israëlite seule.

Que ma bouche, & mon cœur, & tout ce que je suis
Rendent honneur au Dieu qui m'a donné la vie.
Dans les craintes, dans les ennuis,
En ses bontez mon ame se confie.
Veut-il par mon trépas que je le glorifie?
Que ma bouche & mon cœur, & tout ce que je suis
Rendent honneur au Dieu qui m'a donné la vie.

* * * * * * * * * * * * * * * *

Tout le Chœur.

Heureux , dit-on , le peuple floriſſant ,
Sur qui ces biens coulent en abondance.
Plus heureux le peuple innocent ,
Qui dans le Dieu du Ciel a mis ſa confiance !

Une Iſraëlite ſeule.

Pour contenter ſes frivoles deſirs ,
L'homme inſenſé vainement ſe conſume.
Il trouve l'amertume
Au milieu des plaiſirs.

Une autre.

Le bonheur de l'impie eſt toûjours agité !
Il erre à la mercy de ſa propre inconſtance.
Ne cherchons la felicité
Que dans la paix de l'innocence.

Deux Iſraëlites.

O douce paix !
O lumiere éternelle !
Beauté toûjours nouvelle !
Heureux le cœur épris de tes attraits !
O douce paix !
O lumiere éternelle !
Heureux le cœur qui ne te perd jamais !

Tout le Chœur.

O douce paix , &c.

La même

La même Ifraëlite.

Nulle paix pour l'impie. Il la cherche, elle fuit,
Et le calme en fon cœur ne trouve point de place.
Le glaive au dehors le pourfuit.
Le remords au dedans le glace.

Une autre.

La gloire des méchans en un moment s'éteint.
L'affreux tombeau pour jamais les devore.
Il n'en eft pas ainfi de celuy qui te craint,
Il renaîtra, mon Dieu, plus brillant que l'Aurore.

Tout le Chœur.

O douce paix, &c.

PREMIER CHOEUR DU TROISIE'ME ACTE,

Le Chœur chante ces vers pendant le feftin d'Affüerus.

Une Ifraëlite feule.

Que le peuple eft heureux,
Lors qu'un Roy genereux
Craint dans tout l'Vnivers veut encore qu'on l'aime !
Heureux le peuple ! Heureux le Roy luy-méme !

Tout le Chœur.

O repos ! O tranquillité !
O d'un parfait bonheur affurance éternelle !
Quand la fuprême Autorité
Dans fes Confeils a toûjours auprés d'Elle
La Juftice & la Verité !

B

Une Ifraëlite feule.

Rois, chaſſez la Calomnie.
Ses criminels attentats
Des plus paiſibles Eſtats
Troublent l'heureuſe harmonie.

Deux Ifraëlites.

Sa fureur de ſang avide
Pourſuit partout l'innocent.
Rois, prenez ſoin de l'abſent
Contre ſa langue homicide.

Une feule.

De ce Monſtre ſi farouche
Craignez la feinte douceur.
La vangeance eſt dans ſon cœur,
Et la pitié dans ſa bouche.

Toutes enfemble.

La Fraude adroite & ſubtile
Seme de fleurs ſon chemin.
Mais ſur ſes pas vient enfin
Le Repentir inutile.

Une Ifraëlite feule.

D'un ſouffle l'Aquilon écarte les nuages,
Et chaſſe au loin la foudre & les orages.
Un Roy ſage, ennemi du langage menteur
Eſcarte d'un regard le perfide impoſteur.

Une autre.

J'admire un Roy victorieux,
Que sa valeur conduit triomphant en tous lieux
Mais un Roy sage, & qui hait l'injustice,
Qui sous la loy du riche imperieux
Ne souffre point que le pauvre gemisse,
Est le plus beau present des Cieux.

Une autre.

La veuve en sa défense espere.

Une autre.

De l'orphelin il est le pere.

Toutes deux.

Et les larmes du juste implorant son appuy
Sont pretieuses devant luy.

Une Israëlite seule.

Détourne, Roy puissant, détourne tes oreilles
De tout conseil barbare & mensonger.
Il est temps que tu t'éveilles.
Dans le sang innocent ta main va se plonger,
Pendant que tu sommeilles.
Détourne, Roy puissant, détourne tes oreilles
De tout conseil barbare & mensonger.

Une autre.

Ainsi puisse sous toy trembler la Terre entiere.
Ainsi puisse à jamais contre tes ennemis

Le bruit de ta valeur te servir de barriere.
S'ils t'attaquent, qu'ils soient en un moment soumis.

Que de ton bras la force les renverse.
Que de ton nom la terreur les disperse.
Que tout leur Camp nombreux soit devant tes Soldats
Comme d'enfans une troupe inutile.
Et si par un chemin il entre en tes Estats,
Qu'il en sorte par plus de mille.

DERNIER CHOEUR.

Tout le Chœur.

Dieu fait triompher l'Innocence,
Chantons , célebrons sa puissance.

Une Israëlite seule.

Il a vû contre nous les méchans s'assembler,
Et nôtre sang prest à couler.
Comme l'eau sur la terre ils alloient le répandre.
Du haut du Ciel sa voix s'est fait entendre.
L'homme superbe est renversé.
Ses propres fléches l'ont percé.

Une autre.

J'ay vû l'Impie adoré sur la terre.
Pareil au cedre , il cachoit dans les cieux
Son front audacieux.
Il sembloit à son gré gouverner le tonnerre.
Fouloit aux pieds ses ennemis vaincus.
Je n'ay fait que passer, il n'estoit déja plus.

Une autre.

On peut des plus grands Rois surprendre la justice,
Incapables de tromper,
Ils ont peine à s'échaper
Des pieges de l'artifice.
Un cœur noble ne peut soupçonner en autruy
La bassesse et la malice
Qu'il ne sent point en luy.

Une autre.

Comment s'est calmé l'orage ?

Une autre.

Quelle main salutaire a chassé le nüage ?

Tout le Chœur.

L'aimable Esther a fait ce grand ouvrage.

Une Israëlite seule.

De l'amour de son Dieu son cœur s'est embrasé.
Au peril d'une mort funeste
Son zele ardent s'est exposé.
Elle a parlé ! Le Ciel a fait le reste.

Deux Israëlites.

Esther a triomphé des filles des Persans ;
La Nature, et le Ciel, à l'envy l'ont ornée.
Tout ressent de ses yeux les charmes innocens.
Jamais tant de beauté fut-elle couronnée ?
Les charmes de son cœur sont encor plus puissans.
Jamais tant de vertu fut-elle couronnée ?

Une Israëlite seule.

Ton Dieu n'est plus irrité.
Réjoüi toy, Sion, *&* sors de la poußiere.
Quitte les vestemens de ta captivité,
Et reprens ta splendeur premiere.

Les chemins de Sion à la fin sont ouverts.
Rompez vos fers
Tribus captives.
Troupes fugitives,
Repaßez les monts *&* les mers.
Raßemblez vous des bouts de l'Univers.

Tout le Chœur.

Rompez vos fers , *&c.*

Une Israëlite seule.

Je reverray ces campagnes si cheres.

Une autre.

J'iray pleurer au tombeau de mes peres.

Tout le Chœur.

Rompez vos fers , *&c.*

Une Israëlite seule.

Relevez, relevez les superbes portiques
Du Temple , où nôtre Dieu se plaist d'estre adoré.
Que de l'or le plus pur son Autel soit paré.

Et que du fein des monts le marbre foit tiré.
Liban, dépoüille toy de tes cedres antiques.
Preftres facrez, preparez vos cantiques.

Une autre.

Dieu defcend, *et* revient habiter parmy nous.
Terre, fremi d'allegreffe *et* de crainte.
Et vous, fous fa majefté fainte
Cieux, abaiffez vous.

Une autre.

Que le Seigneur eft bon ! Que fon joug eft aimable !
Heureux qui dés l'enfance en connoift la douceur !
Jeune Peuple, courez à ce maiftre adorable.
Les biens les plus charmans n'ont rien de comparable
Aux torrens de plaifirs qu'il répand dans un cœur.

Une autre.

Il s'appaife, il pardonne.
Du cœur ingrat qui l'abandonne
Il attend le retour.
Il excufe nôtre faibleffe.
A nous chercher méme il s'empreffe.
Pour l'enfant qu'elle a mis au jour,
Une mere a moins de tendreffe.
Ah ! Qui peut avec luy partager nôtre amour ?

Trois Ifraëlites.

Il nous fait remporter une illuftre victoire.

Une seule.

Il nous a revelé sa gloire.

Toutes trois ensemble.

Ah ! Qui peut avec luy partager nôtre amour !

Tout le Chœur.

Que son nom soit beni. Que son nom soit chanté;
Que l'on adore ses ouvrages,
Au delà des temps et des âges
Au delà de l'éternité.

De l'Imprimerie de Denys Thierry.

Avec Permission de Monsieur le Lieutenant General de Police.